孩子读得懂的古文观止

战国智谋

（清）吴楚材 ◎ 编选
（清）吴调侯
洋洋兔 ◎ 编绘

北京理工大学出版社
BEIJING INSTITUTE OF TECHNOLOGY PRESS

版权专有　侵权必究

图书在版编目（CIP）数据

孩子读得懂的古文观止：全6册 /（清）吴楚材，（清）吴调侯编选；洋洋兔编绘 . —— 北京：北京理工大学出版社, 2024.3
　　ISBN 978-7-5763-3506-4

Ⅰ. ①孩… Ⅱ. ①吴… ②吴… ③洋… Ⅲ. ①《古文观止》- 儿童读物 Ⅳ. ① H194.1

中国国家版本馆 CIP 数据核字 (2024) 第 044822 号

| 责任编辑：张　萌　李慧智 | 责任印制：王美丽 |
| 责任校对：刘亚男 | 文字编辑：申玉琴 |

出版发行 / 北京理工大学出版社有限责任公司
社　　址 / 北京市丰台区四合庄路 6 号
邮　　编 / 100070
电　　话 /（010）82563891（童书出版中心售后服务热线）
网　　址 / http: //www.bitpress.com.cn

版 印 次 / 2024 年 3 月第 1 版第 1 次印刷
印　　刷 / 朗翔印刷（天津）有限公司
开　　本 / 880mm × 1230mm　1/32
印　　张 / 18
字　　数 / 780 千字
定　　价 / 198.00 元（全 6 册）

图书出现印装质量问题，请拨打售后服务热线，本社负责调换

目录

- 4 苏秦以连横说秦(节选)
- 12 范雎说秦王(节选)
- 19 邹忌讽齐王纳谏
- 25 冯谖客孟尝君
- 34 赵威后问齐使
- 38 触龙说赵太后
- 46 唐雎不辱使命
- 53 乐毅报燕王书(节选)
- 62 谏逐客书
- 70 宋玉对楚王问
- 77 孔子世家赞
- 81 屈原列传

苏秦以连横说秦(节选)

> 六国CEO的奋斗和感叹

出处 《战国策》
作者 不详
创作年代 战国
坐标 《古文观止》卷四

助学小贴士

苏秦曾经在鬼谷子门下学习纵横之术。学成之后,他打算游说秦王以连横之策吞并六国,一统天下,于是就去见秦王了……

苏秦来到秦国,见到秦惠王,把秦国的天时、地利、政治、经济都大大地夸赞了一番,然后说自己可以通过连横的办法让秦国统一天下。

朗读原文

秦王曰:"寡人闻之:毛羽不丰满者,不可以高飞;文章不成者,不可以诛(zhū)罚;道德不厚者,不可以使民;政教不顺者,不可以烦大臣。今先生俨(yǎn)然不远千里而庭教之,愿以异日。"

实时翻译

秦王说:"我听人说过羽毛不丰满的鸟,无法高飞;条文不完备的法令,不能用来惩治犯人;道德品质不高尚的人,不能管理百姓;政令教化不和顺的国家,无法差遣大臣。劳烦先生不辞辛苦大老远地跑来为我指点迷津,我看还是改日再来听您教诲吧。"

苏秦不甘心,于是拉着秦王引经据典、古今中外、天南地北说了一大通,目的就是说服秦王对六国用兵。秦王听得脑袋都大了,最后也没同意。可苏秦不是一个轻言放弃的人,他继续上书游说,一次不行就两次,两次不行就三次,终于到了第十次……

朗读原文

说秦王书十上而说不行。黑貂之裘敝(bì)，黄金百斤尽，资用乏绝，去秦而归。赢縢(léi téng)履屩(lǚ juē)，负书担橐(tuó)，形容枯槁(gǎo)，面目犁(lí)黑，状有愧色。归至家，妻不下纴(rèn)，嫂不为炊(chuī)，父母不与言。苏秦喟(kuì)然叹曰："妻不以我为夫，嫂不以我为叔，父母不以我为子，是皆秦之罪也。"乃夜发书，陈箧(qiè)数十，得太公《阴符》之谋，伏而诵之，简练以为揣(chuǎi)摩。读书欲睡，引锥(zhuī)自刺其股，血流至足，曰："安有说人主不能出其金玉锦绣，取卿相之尊者乎？"期(jī)年，揣摩成，曰："此真可以说当世之君矣！"

实时翻译

游说秦王的奏折递了十次仍然没被采纳。苏秦的黑色貂皮大衣穿破了，百镒（yì）黄金也用完了，他只能离开秦国回家去。苏秦缠着绑腿布，穿着破草鞋，背着书箱，挑着行李，脸色憔悴而黝黑，还带着羞愧之色。回到家里后，妻子见了都没从织机上下来迎接他，嫂子也不张罗给他做饭吃，连父母都不和他说话。苏秦长叹道："妻子不把我当丈夫，嫂子不把我当小叔，父母也不把我当儿子，这都是我苏秦的过错啊！"于是他连夜找书，摆出几十个书箱，发现了姜太公的兵书《阴符》里讲到的谋略，然后埋头诵读，先画重点再反复研习、体会。读到昏昏欲睡时，就拿锥子扎自己的大腿，冒出的鲜血都流到了脚跟。他鼓励自己说："哪有去游说国君而不能让他拿出金银玉帛并取得卿相尊位的人呢？"读了一年书后，苏秦终于学有所成，说："这次真的可以去说服当世的国君了！"

果然,这次苏秦再出山,一番漂亮话说到了赵王的心坎里。赵王高兴得就像大白天捡到了宝贝似的。他立刻任命苏秦为丞相,给了他巨额的财富和极高的荣耀,让他联络各国合纵来对抗强秦……

朗读原文

当此之时,天下之大,万民之众,王侯之威,谋臣之权,皆欲决于苏秦之策。不费斗粮,未烦一兵,未战一士,未绝一弦,未折一矢(shǐ),诸侯相亲,贤于兄弟。夫贤人任而天下服,一人用而天下从。故曰:"式于政不式于勇,式于廊庙之内,不式于四境之外。"当秦之隆,黄金万镒为用,转毂(gǔ)连骑,炫熿(huáng)于道,山东之国,从风而服,使赵大重。且夫苏秦特穷巷掘门、桑户棬枢(kū quān shū)之士耳,伏轼撙衔(zǔn xián),横历天下,庭说诸侯之主,杜左右之口,天下莫之伉(kàng)。

实时翻译

这个时候,天下虽大、百姓虽多、王侯虽有威严、谋臣虽善权变,但都要被苏秦的决策所左右。不耗费一斗粮食,没烦劳一个兵卒,没有一个战士打仗,没有一根弓弦断绝,没有一支箭折断,苏秦就让各国诸侯和睦友爱,胜过兄弟。这就是人们常说的:"贤人执政能使天下百姓臣服,一个人得到重用能让天下人都追随。"所以说:"应致力于发展德政,而不是致力于发展武力;要把重心放在本国的内政上,而不是放在国外。"在苏秦显赫之时,有万镒的黄金供他随意使用,随从的车骑络绎不绝,在路上真是风头无两。崤山以东,各国像小草顺风倒下一样迅速服从赵国,使赵国的威望大大增强。苏秦只不过是个穷巷陋室里走出来的读书人,但他却能坐着马车、牵着缰绳,在天下四处往来,在朝堂之中游说各诸侯国国君,让他们的亲信、朝臣开不了口,天下没有人能与他匹敌。

苏秦去楚国游说楚王的时候路过洛阳,他的父母听说后,赶忙在家里大扫除,连家门口的道路都扫得干干净净的,又请乐队敲锣打鼓,又杀鸡宰牛大摆宴席,还到三十里外去迎接苏秦回家。这回,妻子都不敢正眼看苏秦,恭恭敬敬听他训话。嫂子趴在地上上前磕头跪拜。苏秦嘲讽地说:"嫂子,您之前可不是这样啊,现在这是怎么了?"嫂子倒也实诚,回答道:"因为苏大人您现在地位尊贵,又是大富豪啊。"苏秦听了感叹道:"唉,穷的时候连父母都不认我这个儿子,富贵之后大家都怕我了。权力和财富,这是有多大的魔力啊!"

思维导图

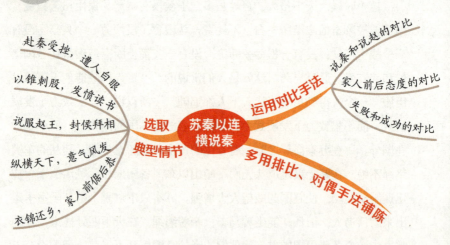

多思考一点

人生在世，遇到挫折在所难免。有的人经受挫折后一蹶不振，有的人则越挫越勇。面对失败，苏秦没有选择放弃，而是刻苦学习、强大自我、厚积薄发，终于有一天实现了理想。我们是不是该学习他这种不服输的精神呢？

讲个故事

老同学张仪

苏秦去游说各国诸侯合纵抗秦，但担心秦国先下手为强搞破坏，就想了一条妙计。这条妙计要实施，还需要一个关键人物——张仪。

张仪是苏秦的"大学同学"，口才不在他之下，但怀才不遇。苏秦让人把张仪请到了赵国，张仪满心欢喜，以为老同学要提携他，没想到苏秦却以仆人和侍女的规格来招待他，还当众羞辱了他一番，说他穷困潦倒到这种地步根本不值得收留。张仪一气之下投奔了强大的秦国。苏秦不仅不拦着，还在暗中帮助他——不仅资助他，还让他见到了秦惠王。张仪由此得以重用！事成之后，苏秦让人把真相告诉了张仪。张仪感念苏秦的恩情，力主秦国不攻打赵国。

后来，苏秦佩六国相印主张合纵，而张仪则成了连横的代表人物。

范雎(jū)说秦王（节选）

◐ 万死之中求一生的演讲

出处《战国策》
作者 不详
创作年代 战国
坐标《古文观止》卷四

助学小贴士

秦国的公子稷年轻的时候有一个很清闲的职业——在燕国当人质。后来，秦武王去世，公子稷在秦国右相樗(chū)里疾、魏冉、宣太后等人的拥立下登上国君之位，成了秦昭襄王（也称秦昭王）。然而，从人质变成国君，他依然没有改变清闲的状态。他的母亲宣太后把持了朝政，魏冉掌管军事，樗里疾掌管政事。后来更出现了被称为"四贵"的穰(ráng)侯魏冉、华阳君芈(mǐ)戎、泾阳君公子芾(fú)、高陵君公子悝(kuī)擅权的局面。秦昭襄王若要夺回政权，必须得到贤臣相助。正巧，来自魏国，与众人没有利益瓜葛的范雎到秦国寻求发展……

范雎来到秦国后,一直在等待机会。在一次秦国准备攻打齐国之时,范雎上书秦昭王陈述利弊,终于打动了秦昭王。秦昭王以正式的宾主礼仪接待了他。接待仪式结束后,秦昭王屏退了所有侍从,跪着请求范雎赐教。可是反复求了三次,范雎却只是嗯嗯啊啊地应付,并不作答。秦昭王长跪不起,说:"先生难道不肯赐教吗?"范雎这才开始发表自己的意见……

朗读原文

"非敢然也。臣闻始时吕尚之遇文王也,身为渔父而钓于渭阳之滨耳。若是者,交疏也。已一说而立为太师,载与俱归者,其言深也。故文王果收功于吕尚,卒擅天下而身立为帝王。即使文王疏吕望而弗与深言,是周无天子之德,而文、武无与成其王也。今臣,羁旅之臣也,交疏于王,而所愿陈者,皆匡君臣之事,处人骨肉之间。愿以陈臣之陋忠,而未知王心也。所以王三问而不对者是也。"

实时翻译

"臣不敢。臣听说,姜太公吕尚最初遇到周文王的时候,只是个在渭水北岸垂钓的渔父。如果真的是这样,那两人的关系肯定是很生疏的。可他们才交谈了一次,周文王就任命吕尚为太师,并请他同车而回,这是因为他们谈得很深入啊。后来,周文王果真依靠着吕尚的辅佐建立了不朽的功勋,终于拥有天下、做了帝王。如果文王疏远吕尚、不跟他深谈,那就说明周王还不具备天子的德行,文王、武王也就不可能成为帝王了。臣现在只是一个客居他乡的人,与大王关系疏远,但臣想说的却都是匡正国家社稷的大事,还涉及您的骨肉至亲。臣心里虽愿意献上浅陋的忠诚,却不知大王心里是怎么想的。这就是您连问三次,而臣却不回答的原因。"

朗读原文

"臣非有所畏而不敢言也。知今日言之于前,而明日伏诛于后,然臣弗敢畏也。大王信行臣之言,死不足以为臣患,亡不足以为臣忧,漆身而为**厉**,被发而为**狂**,不足以为臣耻。五帝之圣而死,三王之仁而死,五霸之贤而死,乌获之力而死,奔、育之勇而死。死者,人之所必不免。处必然之势,可以少有补于秦,此臣之所大愿也,臣何患乎?伍子胥**橐**(tuó)载而出昭关,夜行而昼伏,至于**菱**(líng)水,无以糊其口,膝行蒲伏,乞食于吴市,卒兴吴国,阖(hé)闾(lǘ)为霸。使臣得进谋如伍子胥,加之以幽囚不复见,是臣说之行也,臣何忧乎?箕(jī)子、接舆(yú),漆身而为厉,被发而为狂,无益于殷、楚。使臣得同行于箕子、接舆,可以补所贤之主,是臣之大荣也,臣又何耻乎?"

实时翻译

"臣并非因为害怕什么而不敢说话,即便明知今天说的话可能在明天就招来杀身的灾祸,臣也不会惧怕。如果大王真的能相信并奉行臣的主张,那么死不足以让臣担心,流亡不足以让臣忧虑,浑身涂漆生**癞疮**(lài chuāng)、披头散发当**疯子**也不至于让臣觉得耻辱。圣明如五帝那样的人要死,仁慈如三王那样的人要死,贤德如春秋五霸那样的人要死,乌获那样的力士要死,孟奔、夏育那样的勇士也终有一死。死是谁也无法避免的。在难免一死的情况下,在死之前能对秦国做出一些有益的贡献,这就是臣最大的心愿。臣还有什么可担心的呢?伍子胥藏在**袋子**里混出了昭关,白天躲藏夜晚赶路,到菱水的时候没东西吃,便跪着、趴着在街上讨饭，最后助吴国崛起，阖闾当上了霸主。假如臣能像伍子胥那样进献谋略、所有谋略又得以施展，那么就算我经历他经历的所有苦难，再加上把我囚禁起来终身不能再见大王，臣又有什么可忧虑的呢？箕子身受涂漆之刑而全身生疮、接舆披头散发而发狂，可是对殷朝、楚国并没有什么贡献。假如臣身受他们的遭遇，却能对臣认为贤明的君主有所帮助，臣也会认为这是最大的荣耀，又有什么可耻辱的呢？"

朗读原文

"臣之所恐者,独恐臣死之后,天下见臣尽忠而身蹶(jué)也,是以杜口裹足,莫肯向秦耳。足下上畏太后之严,下惑奸臣之态,居深宫之中,不离保傅之手,终身暗惑,无与照奸,大者宗庙灭覆,小者身以孤危。此臣之所恐耳!若夫穷辱之事,死亡之患,臣弗敢畏也。臣死而秦治,贤于生也。"

实时翻译

"臣害怕的是臣死以后天下人看到臣尽忠职守却不得善终,从此都闭口不言、裹足不前,没有人再肯为秦国效命。大王您上怕太后的威严,下受奸臣的迷惑,居住在深宫中,离不开近臣的辅佐,长年受到蒙蔽,没有人帮您洞察奸佞(nìng),照这样发展下去,大则国破家亡,小则自身难保。这才是臣所最害怕的啊!至于穷困受辱、流亡以至身死那些灾患,臣不敢害怕。如果臣的死能换来秦国的安定,比臣活着更有意义。"

秦昭王对范雎夸奖了一番,并恳请凡事不论大小、不论涉及什么人,他都希望范雎能给予指导,不要怀疑他的诚意。范雎向秦昭王拜了两拜,秦昭王也向范雎拜了两拜,然后结束了这次会谈。

助学小贴士

范雎和秦昭王之间建立了信任，从此携手开创了秦国自商鞅变法以来第二次国力飞跃的大好局面。在内政方面，范雎主张加强王权，秦昭王废太后、逐四贵；在外交方面，范雎提出远交近攻，与远方的齐国交好，而将邻国韩、魏、赵作为主要兼并目标。他们取得的一系列成就，为秦始皇和李斯这对黄金组合建立一统天下的大秦帝国打下了坚实的基础。

多思考一点

害人之心不可有，防人之心不可无。这句俗语往往用来劝诫那些与人交往时警觉性不高的人。范雎面对陌生的秦王，待他三次叩问后才表露心迹，正是对秦王、对周边环境有所提防。面对陌生人，我们心里一定要时刻绷紧"防人"这根弦。

邹忌讽齐王纳谏

> 由自恋引发的觉悟

出处 《战国策》
作者 不详
创作年代 战国
坐标 《古文观止》卷四 初中语文九年级下册

助学小贴士

齐威王痴迷音乐,即位后总是在后宫内抚琴自娱,不理朝政,导致齐国日趋衰败。有一天,邹忌带着一把琴去求见齐威王,以弹琴之道来类比治国之道,终于使齐威王幡(fān)然醒悟,决定奋发图强。邹忌也因此当上了齐国的相国……

朗读原文

邹忌**修**八尺有余，而形貌**昳**丽。**朝**服衣冠，**窥**镜，谓其妻曰："我孰与城北徐公美？"其妻曰："君美**甚**，徐公何能及君也？"城北徐公，齐国之美丽者也。忌不自信，而复问其妾曰："吾孰与徐公美？"妾曰："徐公何能及君也？"**旦日**，客从外来，与坐谈，问之客曰："吾与徐公孰美？"客曰："徐公不若君之美也。"

实时翻译

邹忌**身高**超过八尺，而且相貌**俊美**。一天**早晨**，他穿戴好衣帽，**看着**镜子问他的妻子："我和城北的徐公相比，谁更美呢？"他的妻子回答："您美**极**了，徐公怎么比得上您呢！"城北的徐公是齐国有名的美男子。邹忌不相信自己比徐公还美，于是又问他的妾："我和徐公谁更美？"妾说："徐公哪有您美呢！"**第二天**，有外来的客人拜访邹忌，邹忌和他坐着闲聊，他问客人："你觉得我和徐公谁更美？"客人回答道："徐公没您美！"

> **朗读原文**

明日徐公来，孰视之，自以为不如；窥镜而自视，又弗如远甚。暮寝而思之，曰："吾妻之美我者，私我也；妾之美我者，畏我也；客之美我者，欲有求于我也。"

> **实时翻译**

又过了一天，徐公来访。邹忌仔仔细细地端详了他，觉得自己没徐公好看。再照照镜子，更是觉得自己比徐公差远了。晚上，他躺在床上就想这件事，自言自语道："我的妻子说我美，是偏爱我；我的妾说我美，是害怕我；客人说我美，是因为有事情要求我。"

朗读原文

于是入朝见威王，曰："臣诚知不如徐公美，臣之妻私臣，臣之妾畏臣，臣之客欲有求于臣，皆以美于徐公。今齐地方千里，百二十城，宫妇左右莫不私王，朝廷之臣莫不畏王，四境之内莫不有求于王：由此观之，王之蔽甚矣。"

实时翻译

想通了这一点，邹忌就上朝拜见齐威王去了。邹忌对齐威王说："我明知自己没有徐公美，可是我的妻子偏爱我，我的妾害怕我，我的客人有事想求我帮忙，所以他们都说我比徐公美。如今，齐国疆土方圆千里，有一百二十座城池，您宫中的嫔妃和随从没有一个不偏爱大王您的，朝廷中的官员没有一个不惧怕大王您的，国内的百姓没有一个不对大王有所求的：由此看来，大王您受到的蒙蔽太严重了！"

> **朗读原文**

　　王曰："善。"乃下令："群臣吏民能面**刺**寡人之过者，受上赏；上书谏寡人者，受中赏；能谤讥于市朝，闻寡人之耳者，受下赏。"令初下，群臣进谏，门庭若市；数月之后，时时而间进；**期年**之后，虽欲言，无可进者。

　　燕、赵、韩、魏闻之，皆朝于齐。此所谓战胜于朝廷。

> **实时翻译**

　　齐威王说："说得好。"于是就颁布了一道命令："不管大臣、官吏还是百姓，只要是能够当面**指责**我的过错的，可得上等奖赏；上书劝谏我的，可得中等奖赏；在公共场所指责议论我的过失并能传到我耳朵里的，可得下等奖赏。"政令刚发布时，许多大臣、官员都来进谏，王宫像集市一样热闹；几个月以后，隔三岔五还有人进谏；**一年**以后，人们即使想进谏，也没有什么可说的了。

　　燕国、赵国、韩国、魏国听说了这件事，都到齐国朝见齐威王。这就是不战而屈人之兵——不用上战场，在朝廷中就战胜了诸侯。

思维导图

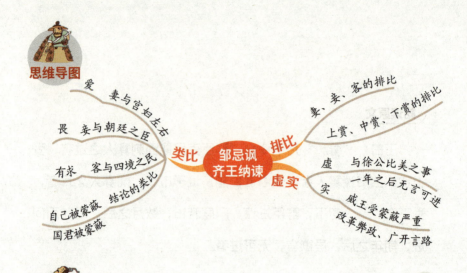

多思考一点

兼听则明，偏信则暗。这句话的意思是说人们要同时听取各方面的意见才能正确认识事物，只听信单方面的说辞就有可能被蒙蔽，无法明辨是非。所以，当我们遇到问题的时候，一定要全面地进行调查了解，这样有助于更快更好地解决问题。

讲个故事

邹忌陷害过赛马的田忌

齐威王广开言路、励精图治，邹忌功不可没，但他在史书上也留下了不光彩的一页。邹忌当了相国之后，与大将军田忌不合，于是他的门客公孙闬（hàn）就给他出了一个馊主意："您可以鼓动大王让田忌率兵攻打魏国。如果田将军打了胜仗，那是您谋划得当，大可居功；如果他打了败仗，即使不死在战场上，回来也得受军法处置。"邹忌觉得这是个好主意，就照做了。谁知田忌三战皆胜，功劳和风头眼看都要被他抢走了。公孙闬又生一计，派人自称是田忌的下属，满大街重金请算命先生来卜田将军如果要谋反，是吉是凶。齐威王信以为真，田忌只能蒙冤逃往别国。

冯谖客孟尝君

○ 狡(jiǎo)兔三窟

出处 《战国策》
作者 不详
创作年代 战国
坐标 《古文观止》卷四

助学小贴士

战国时期，养士之风盛行。有权有势的贵族纷纷招揽人才为自己服务，有本事的士人也把当食客作为一条不错的谋生之路……

齐国有一个叫冯谖的人，已经穷到活不下去的地步了，于是托人求孟尝君，说想去他府里当食客。孟尝君问冯谖有什么爱好和特长，所托之人说他没什么爱好，至于特长，如果穷也能算……孟尝君都被气笑了，但还是留下了冯谖。

朗读原文

左右以君**贱**之也，食以**草具**。居有**顷**，倚柱弹其剑，歌曰："长**铗**(jiá)归来乎！食无鱼。"左右以告。孟尝君曰："食之，比门下之客。"居有顷，复弹其铗，歌曰："长铗归来乎！出无车。"左右皆笑之，以告。孟尝君曰："为之驾，比门下之车客。"于是乘其车，**揭**其剑，**过**其友，曰："孟尝君客我。"后有顷，复弹其剑铗，歌曰："长铗归来乎！无以为家。"左右皆**恶**之，以为贪而不知足。孟尝君问："冯公有亲乎？"对曰："有老母。"孟尝君使人**给**其食用，无使乏。于是冯谖不复歌。

实时翻译

孟尝君身边的侍从见主人**不待见冯谖**，就只给他吃**粗劣的食物**。住了**一段时间**后，冯谖倚着门弹着剑哼起了歌："长剑啊，咱们回去吧！没有鱼吃。"侍从就把这事向孟尝君说了。孟尝君说："给他吃鱼，待遇跟普通门客一样。"又过了一段时间，冯谖又弹着剑哼起了歌："长剑啊，咱们回去吧！出门没有车坐。"侍随们都笑话他，又把这事告诉了孟尝君。孟尝君说："给他配车，和其他有车乘的门客一样。"冯谖便乘着车、**举着**剑去**拜访**他的老朋友，告诉人家："孟尝君把我当上宾呢。"这以后没多久,他又开始弹剑唱歌:"长剑啊,咱们回去吧!没有钱养家。"侍从们都开始讨厌他了,觉得他贪得无厌。孟尝君就问他:"冯先生还有什么亲人吗?"冯谖回答:"有一个老母亲。"孟尝君就叫人供给冯母吃穿用度,使她不至于缺衣少食。从此,冯谖就不再唱歌了。

有一回，孟尝君需要一个账房先生帮他到封地薛（xuē）地收账，冯谖自告奋勇报了名。孟尝君都不记得冯谖是谁了，经人提醒才记起来，他就是那个弹着长剑唱歌，总要求提高待遇的人。孟尝君跟冯谖客气了一番，就让他出发了。临行的时候冯谖问孟尝君，收到钱之后要不要买点什么东西回来，孟尝君让他做主，看家里缺什么就买什么。冯谖到了薛地，把欠孟尝君债的人召集起来，验过欠条后，全都烧了。

朗读原文

长驱到齐，晨而求见。孟尝君怪其疾也，衣冠而见之，曰："责（zhài）毕收乎，来何疾也？"曰："收毕矣。""以何市而反？"冯谖曰："君云'视吾家所寡有者'。臣窃计，君宫中积珍宝，狗马实外厩（jiù），美人充下陈。君家所寡有者以义耳！窃以为君市义。"孟尝君曰："市义奈何？"曰："今君有区区之薛，不拊（fǔ）爱子其民，因而贾（gǔ）利之。臣窃矫（jiǎo）君命，以责赐诸民，因烧其券，民称万岁。乃臣所以为君市义也。"孟尝君不说，曰："诺，先生休矣！"

实时翻译

冯谖马不停蹄地赶着车回到了齐国，一大清早就去求见孟尝君。孟尝君很奇怪他怎么回来得这么快，穿戴好衣帽接见他。

孟尝君:欠款都收回来了吗?怎么这么快就回来了!

冯谖:都收完了。

那你拿这些钱买了什么回来?

您说过"看家里缺少什么就买点什么"。我自己想了想,您屋里堆积着珍宝,猎狗和骏马挤满了外面的牲口棚,家里到处都是美人。现在家里缺少的只有"义"了。我就自作主张用收到的钱给您买了"义"。

怎么买的"义"?

现在您拥有小小的薛地,却不把那里的人民看作自己的子女,抚慰他们,所以才像商人那样从他们身上牟(móu)利。我假借您的命令,把应收的欠款都送给了百姓,烧了他们的欠条。百姓高呼万岁。这就是我给您买"义"的方式。

行了,先生不用再说了!

这事过了一年多,齐王忽然以不敢用先王之臣为由罢免了孟尝君,于是他只能回自己的封地薛地。离薛地还有一百多里时,孟尝君就看到百姓扶老携幼来迎接他。这时他才明白冯谖说的给他买了"义"是怎么回事。

朗读原文

冯谖曰:"狡兔有三窟,仅得免其死耳。今有一窟,未得高枕而卧也。请为君复凿二窟。"

孟尝君予车五十乘,金五百斤,西游于梁,谓梁王曰:"齐放其大臣孟尝君于诸侯,先迎之者,富而兵强。"于是梁王虚上位,以故相为上将军,遣使者,黄金千斤,车百乘,往聘孟尝君。冯谖先驱,诫孟尝君曰:"千金,重币也;百乘,显使也。齐其闻之矣。"梁使三反,孟尝君固辞不往也。齐王闻之,君臣恐惧,遣太傅赍(jī)黄金千斤、文车二驷(sì)、服剑一,封书谢孟尝君曰:"寡人不祥,被于宗庙之祟(suì),沉于谄谀(chǎn yú)之臣,开罪于君。寡人不足为也,愿君顾先王之宗庙,姑反国统万人乎?"冯谖诫孟尝君曰:"愿请先王之祭器,立宗庙于薛。"庙成,还报孟尝君曰:"三窟已就,君姑高枕为乐矣。"

实时翻译

狡猾的兔子有三个洞穴,才勉强能避免自己一死。现在您只有一个洞穴,还不能高枕无忧睡大觉。请让我再替您凿两个洞穴。

孟尝君给了冯谖五十辆车、五百斤金。冯谖就带着队伍往西到梁国去活动。他拜见梁惠王时说道:"齐王把他的大臣孟尝君让给了诸侯国,哪个诸侯国先迎接了他,一定能变得国富兵强。"于是梁惠王把相国的位子空了出来,让原来的相国做了上将军,派遣使者带一百辆车、一千斤金,去聘请孟尝君。冯谖先赶车回到了齐国,提醒孟尝君说:"千金,是很贵重的聘礼;带着一百辆车,是显赫的使节。齐王应该听说这个消息了。"梁国的使者来来回回请了他好几次,孟尝君都拒绝前往。齐王听到这个消息后和大臣们惊慌害怕起来,立刻派遣太傅送一千金、两辆四匹马拉的彩车和一把佩剑给孟尝君,并写信向他道歉:"我太不慎重了,遭受祖宗降下的灾祸,又被那些阿谀奉承的臣子迷惑,所以怪罪在您身上。我这个人是不值得您辅佐了,但希望您能看在先王宗庙的分上,暂且回齐国管理百姓吧!"冯谖又提醒孟尝君说:"希望您能请求齐王赐予先王传下的祭器,在薛地建立宗庙。"宗庙建成后,冯谖回来报告孟尝君说:

三个洞穴都已凿完,您且高枕无忧、安心享乐吧!

孟尝君担任相国几十年,其间没有遭受过任何灾祸,这全靠冯谖给他出谋划策。

思维导图

冯谖客孟尝君

- 无为时期
  - 吃饭要鱼
  - 出门要车
  - 有母要养
  - 弹长铗而歌
- 有为时期 — 为主凿三窟
  - 一窟：烧债市义，薛民拥戴
  - 二窟：抬高身价，齐王重用
  - 三窟：建立宗庙，封地永存

多思考一点

冯谖刚进入孟尝君府内当食客的时候，因为"无好""无能"，谁都看不起他。但最后保孟尝君一生荣华、富贵平安的却是这个"没本事"的冯谖。所以，在真正了解对方之前，千万不要轻视任何人。每个人都可能是一座巨大的宝藏。

讲个故事

孟尝君是怎么被罢官的

孟尝君年轻时就显露出治国安邦的才华，他不吝（lìn）钱财招纳门客，名声逐渐传遍了各诸侯国。秦昭王听说了他的贤名，把他招到秦国，拜他为相国，但没多久又反悔了，还想杀了他。孟尝君在门客中的两个鸡鸣狗盗之徒的帮助下得以逃回齐国。齐王见他回国，也拜他为相国。上任后，孟尝君着手公报私仇——派人游说各国攻打秦国。虽然效果不佳，但他可嘉的勇气感动了六国百姓，他的声望也因此而越来越大，最终竟达到天下只知有孟尝君而不知有齐王的地步。齐王面对如此情况，心里自然不爽，再加上这时秦、楚等国的间谍散布流言、诽谤离间，所以一气之下罢免了孟尝君，让他回封地养老。

赵威后问齐使

- 毒舌太后训齐王

出处 《战国策》
作者 不详
创作年代 战国
坐标 《古文观止》卷四

助学小贴士

赵惠文王去世后,年幼的太子赵丹即位。这时,赵丹还小,尚且没办法处理政事,所以他的母亲赵威后就代他临朝听政。赵威后是一个很能干的青年妇女,她重视民生、体恤百姓,把赵国治理得井井有条。有一年,齐国派使者来拜见赵威后……

朗读原文

齐王使使者问赵威后。书未发，威后问使者曰："岁亦无恙(yàng)耶？民亦无恙耶？王亦无恙耶？"使者不说，曰："臣奉使使威后，今不问王而先问岁与民，岂先贱而后尊贵者乎？"威后曰："不然。苟(gǒu)无岁，何以有民？苟无民，何以有君？故有舍本而问末者耶？"

朗读原文

乃进而问之曰:"齐有处士曰钟离子(zhōng),无恙耶?是其为人也,有粮者亦食(sì),无粮者亦食;有衣者亦衣(yì),无衣者亦衣。是助王养其民也,何以至今不业也?叶阳子无恙乎?是其为人,哀鳏寡(guān guǎ),恤孤独(xù),振困穷,补不足。是助王息其民者也,何以至今不业也?北宫之女婴儿子无恙耶?彻其环瑱(tiàn),至老不嫁,以养父母。是皆率民而出于孝情者也,胡为至今不朝也?此二士弗业,一女不朝,何以王齐国,子万民乎?於陵子仲尚存乎(wū)?是其为人也,上不臣于王,下不治其家,中不索交诸侯。此率民而出于无用者,何为至今不杀乎?"

实时翻译

威后接着又问:"齐国有个处士叫钟离子,他还好吧?他这个人呀,没粮食的人他给吃的,有粮食的人他也给吃的;没衣服的人他给人家衣服穿,有衣服的人他也给人家衣服穿。这是个帮助你们国君养活老百姓的人啊,为什么到今天还没有让他做官,成就一番功业呢?叶阳子还好吧?他这个人呀,怜悯那些无妻无夫的人,抚恤那些孤儿和无子的人,救济那些困苦贫穷的人,资助那些缺衣少食的人。这是个帮助你们国君繁育百姓的人啊,为什么到今天也没能做官,成就一番功业呢?那个北宫氏的女儿婴儿子还好吧?她摘掉耳环、手镯等首饰,到老也不嫁人,就为了奉养父母。这是个引领百姓尽孝心的人啊,为什么到现在还不让她上朝接受召见呢?这么好的两个贤士无法成就功业,那么好的一个孝女没有上朝受过召见,你们凭什么来统治齐国、抚育百姓呢?於陵的那个子仲还活着吗?这个人上不向国君称臣,下不管自己的家,中不愿与诸侯交往。这是个诱导百姓无所作为的人,为什么到现在还不杀掉呢?"

思维导图

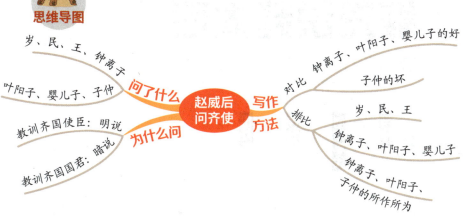

多思考一点

　　天下者，天下人之天下也。古人早已悟出了民主政治的精髓。"苟无民，何以有君？"就是赵威后民本思想最直接的体现。清明的领导人应该明白：以民为本，方为为政的大计；只有以民为贵、以民为主，才能政通人和、长治久安。

讲个故事

齐王建的舅舅——后胜

　　赵威后教训完齐王建一年后就因病去世了。赵威后给的劝告，齐王建可是一点都没听进去。齐王建执政早期，主要靠他的母亲扶持。母亲去世后，他便任命自己的舅舅后胜担任相国。后胜最大的爱好就是敛财，于是秦王派人给他送了大量的黄金珠宝，把他收买成秦国在齐国最大的间谍。后胜不仅自己给秦国当间谍，还替秦国建立起了一张庞大的间谍网。他们劝说齐王建放弃合纵，秦国因此得以将韩、赵、魏、楚、燕一一消灭。终于，秦兵大举伐齐。后胜又劝说齐王建不要抵抗，投降秦国。齐国灭亡。秦王嬴政把齐王建安置在偏远的共地，不给他食物，导致他最终被活活饿死。

触龙说赵太后

◯ 自己人效应

出处　《战国策》
作者　不详
创作年代　战国
坐标　《古文观止》卷四

助学小贴士

范雎是秦国的相国,他和魏国的相国魏齐有仇。秦昭王想抓住魏齐为范雎报仇,于是让魏国交出魏齐。魏齐知道魏王没能力保护自己,便逃往赵国,藏在了平原君的家里。秦国于是以这件事为由出兵攻打赵国,很快就拿下了三座城池……

朗读原文

赵太后新用事,秦急攻之。赵氏求救于齐,齐曰:"必以长安君为质,兵乃出。"太后不肯,大臣强谏。太后明谓左右:"有复言令长安君为质者,老妇必唾(tuò)其面。"

左师触龙言愿见太后。太后盛气而揖(yī)之。入而徐趋,至而自谢,曰:"老臣病足,曾不能疾走,不得见久矣。窃自恕,恐太后玉体之有所郄(xì)也,故愿望见太后。"太后曰:"老妇恃辇(niǎn)而行。"曰:"日食饮得无衰乎?"曰:"恃鬻(zhōu)耳。"曰:"老臣今者殊不欲食,乃自强步,日三四里,少益耆(shì)食,和于身。"曰:"老妇不能。"太后之色少解。

实时翻译

赵太后刚执政时,秦国大举进攻赵国。赵太后向齐国求救。齐国人说:"只有让您的小儿子长安君来齐国当人质,我们才会出兵救赵。"赵太后不答应,大臣们就极力劝谏。赵太后明明白白地告诉大臣们:"如果还有谁再敢说让长安君去当人质,我一定啐(cuì)到他脸上!"

左师触龙要求拜见太后。太后怒气冲冲地等着他上门。
触龙进门后缓慢地做小步跑状，来到太后面前，先向太后谢罪：

我的脚有毛病了，连快跑都不能，礼数也不能做周全，所以很久没能来看您了。我自己身体如此，于是也担心起太后的贵体会不会有什么不舒服，所以还是想来看看您。

我现在已经全靠车代步了。

您每天的饭量没有减少吧？

全靠粥撑着呢。

我现在也是特别不想吃东西，于是就强制自己每天走路，走上三四里，胃口会稍微增加一些，身子也舒服些。

我可做不到。

太后脸上的怒色少了一些。

朗读原文

左师公曰:"老臣贱息舒祺,最少,不肖;而臣衰,窃爱怜之。愿令补黑衣之数,以卫王宫。没死以闻。"太后曰:"敬诺。年几何矣?"对曰:"十五岁矣。虽少,愿及未填沟壑而托之。"太后曰:"丈夫亦爱怜其少子乎?"对曰:"甚于妇人。"太后曰:"妇人异甚。"对曰:"老臣窃以为媪之爱燕后,贤于长安君。"曰:"君过矣!不若长安君之甚。"左师公曰:"父母之爱子,则为之计深远。媪之送燕后也,持其踵,为之泣,念悲其远也,亦哀之矣。已行,非弗思也,祭祀必祝之,祝曰:'必勿使反。'岂非计久长,有子孙相继为王也哉?"太后曰:"然。"

我那个儿子舒祺,年龄最小,不成才;但我心里最疼爱他。我冒死禀告太后,希望您能让他补上黑衣士卫的空缺,保卫王宫。

行啊。他多大了?

十五岁了。虽然他年龄还小,但希望能在我这把老骨头入土之前把他托付给您。

男人也疼爱小儿子吗?

比女人还疼爱呢。

还是女人更疼爱儿子。

我认为老太太您疼爱您的女儿燕后就胜过疼爱长安君啊。

这你就说错了!我疼爱她可没有疼爱长安君那么厉害。

父母要是真疼爱子女,就要为他们考虑得长远些。当初您送燕后出嫁的时候,拉着她的脚后跟哭泣,为她远嫁他国而伤心,也真够让人心疼的。燕后走了以后,您也不是不想她,可祭祀的时候您却总是为她祈愿,说:"千万不要被赶回来啊。"这难道不是为她做长远打算,希望她儿孙满堂,一代接一代地做国君吗?

唉,是啊。

朗读原文

左师公曰:"今三世以前,至于赵之为赵,赵王之子孙侯者,其继有在者乎?"曰:"无有。"曰:"微独赵,诸侯有在者乎?"曰:"老妇不闻也。""此其近者祸及身,远者及其子孙。岂人主之子孙则必不善哉?位尊而无功,奉厚而无劳,而挟重器多也。今媪尊长安之位,而封以膏腴(yú)之地,多予之重器,而不及今令有功于国。一旦山陵崩,长安君何以自托于赵?老臣以媪为长安君计短也,故以为其爱不若燕后。"太后曰:"诺。恣(zì)君之所使之。"

于是为长安君约车百乘质于齐,齐兵乃出。

从现在算起,往上推三代,一直到赵国建国的时候,赵王的那些被封侯的子孙的子孙们,还有能继承爵位的吗?

没有。

不仅赵国,其他诸侯国有这样的吗?

也没听说过。

他们这些人,祸患来得早的降临到自己身上,祸患来得晚的就落到了子孙头上。难道国君的子孙就一定不好吗?他们之所以遭受祸患,是因为没有功勋却身居高位,没有劳绩却俸禄丰厚,占有的珍宝太多了啊!

现在您给了长安君尊贵的地位,封给他肥沃的土地,送了他很多珍宝,却不愿趁现在这个机会让他为国立功,这样万一有朝一日您不在了,长安君拿什么在赵国立足存身呢?我觉得您为长安君打算得还不够长远,所以才说您疼爱他比不上疼爱燕后。

好吧,那就**任凭**您安排他吧。

触龙于是为长安君准备了一百辆车,把他送到齐国去当人质,然后齐国才派出了救兵。

朗读原文

子义闻之曰:"人主之子也,骨肉之亲也,犹不能恃无功之尊,无劳之奉,而守金玉之重也,而况人臣乎!"

实时翻译

赵国贤士子义听到这件事后说:"国君的儿子是国君的亲骨肉啊,尚且不能凭着没有功勋的尊贵和没有劳绩的优厚俸禄来守住自己的地位,何况臣子呢!"

思维导图

触龙说赵太后 —— 如何实现
- 寒暄请安,消除紧张气氛
- 同病相怜,获得心理认同
- 为子谋职,说明爱子心切
- 消除屏障,提出爱子原则
- 以史为鉴,指明爱子方法

多思考一点

触龙说赵太后是一个非常高明的劝谏案例。在整个劝谏过程中,他很好地运用了现代心理学所指的"自己人效应",即先找到自己和对方的共同点,拉近彼此心中的距离,再消除对方的防备与隔阂,就能够让对方更容易接受自己的意见了。

唐雎不辱使命

◻ 以一人敌一国

出处 《战国策》
作者 不详
创作年代 战国时期
坐标 《古文观止》卷四 初中语文九年级下册

助学小贴士

安陵国是附属于魏国的小国,方圆只有五十里。后来,秦国灭了魏国,认为安陵国从此没了靠山,就想欺负安陵国……

> 朗读原文

秦王使人谓安陵君曰:"寡人欲以五百里之地易安陵,安陵君其许寡人!"安陵君曰:"大王加惠,以大易小,甚善;虽然,受地于先王,愿终守之,弗敢易!"秦王不说。安陵君因使唐雎使于秦。

> 实时翻译

秦王派人给安陵君传话说:"我打算用方圆五百里的土地换你的安陵国,安陵君可要答应我啊。"安陵君说:"大王愿意施予恩惠,用那么大的地盘换我小小的安陵,真是太好了。虽然这是好事,但这块封地是我从先王那里继承来的,我想一直守着它,不敢拿来跟您交换。"秦王知道后很不高兴。安陵君派遣唐雎出使秦国斡旋。

朗读原文

秦王谓唐雎曰:"寡人以五百里之地易安陵,安陵君不听寡人,何也?且秦灭韩亡魏,而君以五十里之地存者,以君为长者,故不错意也。今吾以十倍之地,请广于君,而君逆寡人者,轻寡人与?"唐雎对曰:"否,非若是也。安陵君受地于先王而守之,虽千里不敢易也,岂直五百里哉!"

秦王怫(fú)然怒,谓唐雎曰:"公亦尝闻天子之怒乎?"唐雎对曰:"臣未尝闻也。"秦王曰:"天子之怒,伏尸百万,流血千里。"唐雎曰:"大王尝闻布衣之怒乎?"秦王曰:"布衣之怒,亦免冠(xiǎn)徒跣(qiǎng),以头抢地尔。"唐雎曰:"此庸夫之怒也,非士之怒也。夫专诸之刺王僚也,彗(huì)星袭月;聂政之刺韩傀(guī)也,白虹贯日;要(yào)离之刺庆忌也,仓鹰击于殿上。此三子者,皆布衣之士也,怀怒未发,休祲(jìn)降于天,与臣而将四矣。若士必怒,伏尸二人,流血五步,天下缟(gǎo)素,今日是也。"挺剑而起。

我用方圆五百里的土地换你们安陵,安陵君却不听从我的提议,这是为什么呢?我们秦国灭掉了韩国、魏国,但安陵君仅凭方圆五十里的国土幸存了下来,就是因为我把他当长者,这才没打他的主意。现在我拿出比安陵大十倍的土地,让他扩大自己的领土,但他居然违背我的意愿,这是看不起我吗?

不,并不是这样的。安陵君从先王那里继承了封地并且要守护它,即使您拿出方圆千里的土地,他也不敢交换,何况区区五百里呢!

先生可曾听说过天子发怒会怎样吗?

我没听说过。

天子一发怒,会让数百万人变成尸体倒下,鲜血流淌数千里。

那大王可曾经听说过百姓发怒会怎样吗?

百姓发怒,也不过就是甩了帽子,扔了鞋子,拿头往地上撞罢了。

您说的这是庸碌无为的人发怒,不是志士发怒。专诸刺杀吴王僚的时候,彗星的光尾扫过了月亮;聂政刺杀韩傀的时候,一道白色的长虹贯穿太阳;要离刺杀庆忌的时候,苍鹰在大殿上搏击。

他们三个人都是平民百姓里的志士,心里的怒气还没发作,上天就降示了征兆。连同我就是四个志士。如果您一定要逼我发怒,那咱们两个人的尸体倒下、五步之内淌满鲜血、天下百姓都穿上丧服,今天就是这样!

说完,唐雎就拔剑站了起来。

朗读原文

秦王色挠，长跪而谢之曰："先生坐！何至于此！寡人谕矣：夫韩、魏灭亡，而安陵以五十里之地存者，徒以有先生也。"

实时翻译

秦王变了脸色，没有了刚才的气势，跪坐着直起身子向唐雎道歉："先生坐、坐，不至于到这种地步！我现在总算明白了，韩国、魏国灭亡，但安陵国却凭借方圆五十里的土地幸存下来了，正是因为有先生您在啊！"

思维导图

人物特点：
- 安陵君言辞委婉、态度坚定
- 唐雎沉着勇敢
- 秦王骄横无理

唐雎不辱使命

斗争过程：
- 秦王提出易地，安陵君不同意
- 唐雎出使秦国，再次表明态度
- 秦王勃然大怒，抛出威胁言论
- 唐雎自比刺客，意图同归于尽
- 秦王见势不妙，主动缓和气氛

多思考一点

对抗强敌、维护国家主权和领土完整的正义力量是不可战胜的,这也正是支持唐雎敢于英勇献身的精神力量。在生活中,我们要有不畏强暴、坚守正义的信念,要有与邪恶势力抗争的勇气,更要有斗争的智慧。

讲个故事

刺客专诸

吴王僚违背先王定下的祖规,从父亲手中继承了王位。按照祖规,僚的堂兄弟公子姬光原本该继承王位,所以公子姬光心中不服,想刺杀吴王僚,伺机夺位。他找来了一个叫专诸的杀手。

专诸是一个狠角色,杀猪无数——他之前是个屠户。公子姬光厚待专诸和他的母亲,所以专诸很受感动,打算以死相报。专诸知道吴王僚爱吃烤鱼,就定下一条与此相关的刺杀计划,然后去太湖边学起了烤鱼之术。学成之后,公子姬光约来吴王僚一起吃饭。在饭局上,专诸进献烤鱼,行至吴王僚座前时,他突然从烤鱼肚子里抽出一把匕首,猛刺吴王僚。吴王僚当场毙命,而专诸也被侍从乱刀砍死。

乐毅报燕王书（节选）

- 善作者不必善成，善始者不必善终

出处《战国策》
作者 不详
创作年代 战国
坐标 《古文观止》卷四

助学小贴士

  乐毅的祖先是魏国将领，率兵攻占中山国后因战功被封在中山国灵寿县，从此乐氏子孙定居中山国。再后来，赵国灭了中山国，这个时候乐毅应该已经出生了，所以他就成了赵国人……乐毅骨子里流着多"国籍"的血，先后在赵国、魏国、燕国谋生，终于在燕国攀爬到了人生的巅峰，但又很快跌落到人生的谷底……

乐毅替燕昭王拉拢了五国军队一起攻打齐国，接连拿下了七十多座城池。眼看着还差两座城池就能吞并齐国时，燕昭王去世了，燕惠王登基。燕惠王一上台就中了齐国人的反间计，派大将骑劫换下了乐毅。乐毅怕有杀身之祸，逃到赵国，被封为望诸君。没了乐毅，齐国在大将田单的带领下大败燕军，一举收复七十多座城池，收复了国土。

　　燕惠王这个时候才知道什么叫后悔。他怕赵国任用乐毅来燕国趁火打劫，就派人给乐毅传话，话里面既有道歉又有谴（qiǎn）责之意。使者是这么说的："先王把燕国托付给将军，您为燕国立下了汗马功劳，我是一刻也没有忘记啊！可惜先王走得早，我刚刚继位就被人给骗了。不过，我让骑劫接替将军，也是看您长期在野外作战太辛苦，想给您放个假，让您休息休息。您却误信流言，背弃燕国，投奔了赵国。您这么做对得起先王的恩情吗？"

　　乐毅的回信内容如下：

朗读原文

　　臣不佞（nìng），不能奉承先王之教，以顺左右之心，恐抵斧质之罪，以伤先王之明，而又害于足下之义，故遁（dùn）逃奔赵。自负以不肖之罪，故不敢为辞说。今王使使者数之罪，臣恐侍御者之不察先王之所以畜（xù）幸臣之理，而又不白于臣之所以事先王之心，故敢以书对。

实时翻译

　　臣不才，没能奉行和秉承先王的教导，顺遂您手下大臣们的心意。臣害怕回国后会犯下死罪，这样不仅损及先王的知人之明，还会害您陷入杀害功臣的不义之地，所以只好逃走并投奔赵国。臣知道自己背负着忤逆（wǔ nì）的大罪，所以不敢为自己辩解。现在大王派人来列数臣的罪过，臣怕侍奉大王的人不清楚先王供养和厚爱臣的道理，也不明白臣侍奉先王的忠心，所以才斗胆写信答复您。

朗读原文

臣闻贤圣之君,不以禄私其**亲**,功多者授之;不以官随其**爱**,能当者处之。故**察能**而授官者,**成功**之君也;**论行**而结交者,**立名**之士也。臣以所学者观之,先王之**举错**,有高世之心,故假节于魏王,而以身得察于燕。先王**过举**,擢(zhuó)之乎宾客之中,而立之乎群臣之上,不谋于父兄,而使臣为亚卿。臣自以为奉令承教,可以幸无罪矣,故受命而不辞。

实时翻译

臣听说,贤圣的君主不会把爵禄赏赐给**亲信之人**,而是赏给那些功劳多的人;不会把官位随意授予**偏爱之人**,而是授予那些能胜任的人。所以,能**考察人的才干**并据此任用官员的君主,必然是能**成就一番功业**的君主;能**根据德行**而结交朋友的人,必然是能**树立美名**的贤士。以臣的学识来看,先王的**举止措施**,体现出高于世俗的理想,所以臣才借替魏王出使的机会,亲自来到燕国考察。先王**破格提拔**臣,从众宾客中选中了臣,给予臣高官厚禄,使臣位置在群臣之上,没有和王室的长辈商量,便封臣为亚卿。臣自以为只要奉行先王命令、秉承先王教导,就可以侥幸不犯错了,所以接受了任命,没有推辞。

燕昭王曾对乐毅说,他和齐国仇深似海,哪怕国小力微也要报仇。乐毅给燕昭王想了一个办法:齐国曾经做过霸主,实力强大。如果想灭掉齐国,必须联合赵国、楚国等一起出兵。燕昭王听后便命乐毅出使各国共商大事。很快,燕国得到了各路诸侯的支持。凭借燕昭王的英明,燕国军队很快占领了齐国黄河以北的土地，然后又长驱直入攻占了齐国都城。齐王狼狈逃到莒城，才勉强保住一条命。如山的齐国财宝进入了燕国的国库；如云的燕国树苗栽满了齐国的土地。燕昭王大仇得报，意气风发。乐毅有功于燕国，所以得到重赏，财富地位堪比小国的诸侯。乐毅认为只要奉行先王命令、秉承先王教导，就可以侥幸免于犯错，所以也没有推辞。

朗读原文

臣闻贤明之君，功立而不废，故著于《春秋》；蚤知之士，名成而不毁，故称于后世。若先王之报怨雪耻，夷万乘之强国，收八百岁之蓄积，及至弃群臣之日，遗令诏后嗣之余义，执政任事之臣，所以能循法令、顺庶孽者，施及萌隶，皆可以教于后世。

臣闻善作者不必善成，善始者不必善终。昔者伍子胥说听乎阖闾，故吴王远迹至于郢。夫差弗是也，赐之鸱夷而浮之江。故吴王夫差不悟先论之可以立功，故沉子胥而弗悔。子胥不蚤见主之不同量，故入江而不改。夫免身全功，以明先王之迹者，臣之上计也。离毁辱之非，堕先王之名者，臣之所大恐也。临不测之罪，以幸为利者，义之所不敢出也。

臣闻古之君子，交绝不出恶声；忠臣之去也，不洁其名。臣虽不佞，数奉教于君子矣。恐侍御者之亲左右之说，而不察疏远之行也。故敢以书报，唯君之留意焉。

实时翻译

臣听说，贤明的君主建立功业后不让它**废弃**，所以才能被载入《春秋》这本史册；有远见的贤士树立美名后不让它**败坏**，所以才能被后世称颂。如先王这样报仇雪恨，**征服**了拥有万辆兵车的强国，把它八百年的积蓄收入囊中，直到逝世那天还留下叮嘱儿孙的遗训，这就是执政任事的官员能遵循法令、顺服百姓的原因，这都是能够用来教育后世的啊。

臣听说，辛勤**耕作**不一定有好**收成**，有好的开始不一定有好的结局。从前，伍子胥说服了吴王阖闾，所以阖闾才远征到了楚国的郢都。吴王夫差不相信伍子胥，将他赐死，装在**皮袋子**里投入江中。因为夫差不明白伍子胥的远见能为吴国建功立业，所以毫不后悔。伍子胥没能及早预见两位君主的**气量**、**脾性**不同，所以没有改变策略，最终身死。**脱身免祸、保全伐齐的功名**，以彰显先王知人善任的事迹，这是臣的上策。**蒙受**遭人诋毁和侮辱的冤屈，**毁坏**先王的英名，这是臣最害怕的事。担负着沉重的罪责，再以苟存的性命去攻打燕国谋取个人的私利，臣绝不敢做出这样不义的事。

臣听说，古代的君子即使和朋友断绝交往了也绝**不说他的坏话**；忠臣即使含冤**离开本国**也**不为自己辩白**。臣虽然不才，也曾多次受过君子的教诲。臣本不想辩白，只是怕大王听信左右亲信的谗言，却不仔细了解我这**被疏远的人**的**品行**，所以斗胆回信做出此番陈述，希望您能多加考虑。

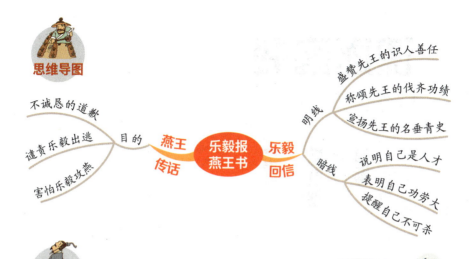

多思考一点

伍子胥事夫差入江而亡，乐毅事燕惠王奔赵而生。这一死一生的不同结局告诉我们，时局、环境是不断变化的，只有认清这种变化并适时改变，才有可能免于祸患，永远让自己立于不败之地。

讲个故事

乐毅：是谁造谣坑我？

燕惠王当太子时就跟乐毅气场不和，齐国的大将军田单也知道这件事。所以，燕惠王一即位，田单就觉得齐国有救了。这时乐毅距离灭掉齐国只差两座城池，久攻不下之后，打算采用围而不攻的计策困死齐军。田单就在这件事上做起了文章，他派人到燕国造谣说："燕军势如破竹，一转眼就拿下了齐国七十多座城池，现在只剩两座城池却久攻不下。你们知道是怎么回事吗？乐将军跟咱们惠王有矛盾，他回来，惠王能给好果子吃吗？他肯定是想留在齐国称王了。"这些虽然是谎话，却显得有理有据、合情合理，燕惠王想不信都难。最终，乐毅被夺了兵权，功亏一篑（kuì）。田单则凭此荣登千古用间高手排行榜。

谏逐客书

> 他山之石，可以攻玉

作者　李斯
创作年代　战国
坐标　《古文观止》卷四
高一语文必修下

 助学小贴士

弱小的韩国紧邻强大的秦国，一直担心被秦国吞并。终于，到了韩桓王时，他想到了一个绝妙的主意来对付秦国：你不是钱多吗？那我就帮你花。他把韩国著名的水利工程专家送给了秦国，提议帮秦国开凿一条超大型的灌溉渠。表面上看，这是为了发展秦国的农业生产，其实是要耗费掉秦国的人力、物力、财力。恰巧秦王嬴政刚刚即位，正计划发展水利工程，所以这个诱人的提议很快就被秦国采纳了。但好景不长，韩国"疲秦"的阴谋败露，秦王大怒，下令驱逐所有非秦国国籍公务人员。李斯也在被驱逐之列，于是愤而上书……

朗读原文

臣闻吏议逐客，窃以为过矣。昔缪公求士，西取由余于戎，东得百里奚于宛，迎蹇叔于宋，求丕豹、公孙支于晋。此五子者，不产于秦，而缪公用之，并国二十，遂霸西戎。孝公用商鞅之法，移风易俗，民以殷盛，国以富强，百姓乐用，诸侯亲服，获楚、魏之师，举地千里，至今治强。惠王用张仪之计，拔三川之地，西并巴、蜀，北收上郡，南取汉中，包九夷，制鄢、郢，东据城皋之险，割膏腴之壤，遂散六国之从，使之西面事秦，功施到今。昭王得范雎，废穰侯，逐华阳，强公室，杜私门，蚕食诸侯，使秦成帝业。此四君者，皆以客之功。由此观之，客何负于秦哉！向使四君却客而不内，疏士而不用，是使国无富利之实而秦无强大之名也。

实时翻译

我听说官吏们正在商议驱逐客卿的事，我认为这么做是错误的。以前秦穆公寻求贤士时，从西方的西戎请来了由余，从东方的宛地请来了百里奚，从宋国迎来了蹇叔，从晋国招纳了丕豹、公孙支。这五位贤人都不是在秦国出生，但秦穆公重用他们，在他们的帮助下吞并了二十个国家，最终称霸西戎。秦孝公采用卫国人商鞅的新法，移风易俗，百姓因此而富裕，国家因此而富强，百姓乐于为国效力，诸侯投靠归服，最终打败了楚国、魏国的大军，攻取土地上千里，使秦国至今安定强盛。秦惠王采纳魏国人张仪的计策，攻下了三川地区，接着向西兼并巴、蜀两国，向北收得上郡，向南攻取汉中、吞并九夷各部、控制楚国的鄢地和郢地，向东占据城皋天险、得到了肥田沃土，最终拆散了六国的合纵联盟，使各国向西事奉秦国，功绩一直延续到今天。秦昭王得到了魏国贤士范雎，在他的辅佐下废黜了穰侯，驱逐了华阳君，强化了朝廷的权力，杜绝了王公权贵干政的现象，一点点吞并各诸侯国的土地，最终使秦国成就帝王的基业。这四位君王都依仗了客卿的功劳。由此看来，客卿有什么对不住秦国的地方呢？假如四位君王当初拒绝远来的客卿而不加任用，国家就不会有雄厚的实力，秦国也不会有强大的名声了。

由余　　　百里奚　　　蹇叔　　　丕豹

公孙支　　商鞅　　　张仪　　　范雎

朗读原文

今陛下**致**昆山之玉,有随、和之宝,垂明月之珠,**服**太阿之剑,乘纤离之马,建翠凤之旗,树灵鼍之鼓。此数宝者,秦不生一焉,而陛下说之,何也?必秦国之所生然后可,则是夜光之璧不饰朝廷,犀象之器不为玩好;郑、卫之女不充后宫,而骏马駃騠不实**外厩**,江南金锡不为用,西蜀丹青不为采。所以饰后宫、充下陈、娱心意、说耳目者,必出于秦然后可,则是宛珠之簪、**傅玑之珥**、阿缟之衣、锦绣之饰不进于前,而随俗雅化、佳冶窈窕赵女不立于侧也。夫**击瓮叩缶**,弹筝**搏髀**,而歌呼呜呜快耳者,真秦之声也;《郑》《卫》《桑间》,《昭》《虞》《武》《象》者,异国之乐也。今弃击瓮而就《郑》《卫》,退弹筝而取《昭》《虞》,若是者何也?快意当前,适观而已矣。今取人则不然,不问可否,不论曲直,非秦者**去**,为客者**逐**。然则是所重者在乎色、乐、珠玉,而所轻者在乎人民也。此非所以跨海内、**制**诸侯之术也。

实时翻译

如今,陛下**收罗**了昆仑山出产的美玉,拥有随侯之珠、和氏之璧这样的奇珍异宝,衣饰上悬挂着夜间光如明月的宝珠,**佩带**太阿宝剑,乘坐纤离名马,竖立翠凤羽毛为饰的旗子,陈设蒙着灵鼍皮的好鼓。这些宝贵之物,没有一样是秦国出产的,而陛下却很喜欢它们,为什么呢?如果一定要是秦国出产的才行,那么夜光璧玉不会成为朝廷的装饰,犀角和象牙雕成的器物不会被陛下把玩，郑卫两国的美女不会填满您的后宫，北方的宝马不会拴进您的马棚，江南的铜锡不会被拿来制成器物，西蜀的颜料也不会被拿来当作彩饰了。如果所有这些用来装饰后宫的珍宝、充满后宫的侍妾、娱乐身心的器物、悦人耳目的颜料都要是秦国出产的才可以用，那么镶嵌珠宝的簪子、玉珠的耳环、白绢制成的华服、锦丝绣成的装饰就都不会进献到陛下的面前，那些风情万种、娇媚窈窕的赵国美女，也不会立于陛下的身旁了。那些敲击瓦罐、弹着筝、拍着大腿、打着拍子呜呜地歌唱，是地道的秦国音乐；郑、卫一带民间的歌声和《韶虞》《武象》等乐曲都是外国的音乐。如今陛下却放着地道的秦国音乐不听，只听郑、卫两国的音乐，不用秦筝而听《韶虞》，这又是为什么呢？就是因为外国的音乐可以让人心情愉快，让人感官舒服罢了。可陛下在用人问题上却不是这样。不问是否可用，也不管是非曲直，只要不是秦国血脉的就得离开，只要是客卿的就都要驱逐。陛下所看重的只是女色、音乐、珠宝、美玉，对于百姓却看得很轻。这不是能用来统一天下、制服诸侯的方法啊！

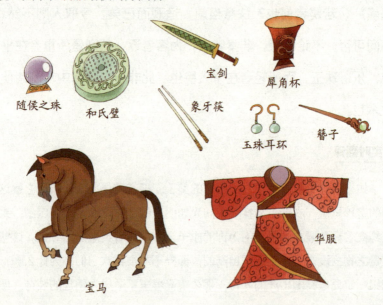

随侯之珠　和氏璧　宝剑　犀角杯　象牙筷　玉珠耳环　簪子　宝马　华服

朗读原文

臣闻地广者粟(sù)多，国大者人众，兵强则士勇。是以太山不让土壤，故能成其大；河海不择(shù)细流，故能就其深；王者不却众庶，故能明其德。是以地无四方，民无异国，四时充美，鬼神降福，此五帝三王之所以无敌也。今乃弃黔(qián)首以资敌国，却宾客以业诸侯，使天下之士退而不敢西向，裹足不入秦，此所谓"藉(jiè)寇兵而赍(jī)盗粮"者也。

实时翻译

我听说，土地广阔则粮食丰足，国家广大则人口众多，军队强大则将士骁勇。泰山不拒绝任何微小的泥土，所以能成就它的高大；大海不挑剔任何细小的支流，所以能成就它的深广；帝王不抛弃任何民众，所以能彰显他的恩德。土地不分东西南北，百姓不论哪个国家，让他们一年四季都能富足美满，天地鬼神都愿赐福降运——这就是五帝三王无可匹敌的原因。如今抛弃百姓让他们去帮助敌国，拒绝宾客让他们去事奉其他诸侯，让天下贤士都不敢西进、不敢来秦国，这就叫作"借给敌寇武器，送给盗贼粮食"啊。

朗读原文

夫物不产于秦，可宝者多；士不产于秦，而愿忠者众。今逐客以资敌国，损民以益仇，内自虚而外树怨于诸侯，求国之无危，不可得也。

实时翻译

那些并非出自秦国的物品，有很多是十分宝贵的；那些并非出生于秦国的贤士，有很多是愿意效忠的。如今，驱逐宾客来助长敌国，排斥百姓来充实仇敌，对内造成国库空虚，对外招来诸侯怨恨，再希望国家没有危难，那是不可能的啊。

秦王于是收回了驱逐客卿的命令，恢复了李斯的官职。

思维导图

作者信息

姓　　名：李斯
生卒年：不详—前 208 年
籍　　贯：楚国上蔡，今河南省上蔡县

多思考一点

"他山之石,可以攻玉"的原意是别的山上的石头坚硬,可以用来琢磨玉器,后来引申为别国的人才可以为本国效力。选拔人才时,应该关注人的才能本身,而不是性别、国籍甚至人种这些外在标签。李斯旁征博引地撰文上书,想告诉秦王的正是这个道理。

讲个故事

李斯的高光时刻

提到秦始皇,很多人就会想到书同文、车同轨、度同制、统一货币这些对中国历史影响深远的举措。其实,这些举措都是李斯提出并推行的。

公元前221年,秦始皇接受了"书同文"的建议,李斯为此创制出小篆,又亲作《仓颉篇》作为识字课本。为了促进经济的交流和发展,李斯建议废除六国旧制,把度量衡从混乱中统一起来,得到了秦始皇的赞同。为了使政令畅通、便利物资交流,李斯又建议把全国的车轨统一,并在全国范围内修筑驰道。公元前210年,李斯向秦始皇上了最后一道重要的奏折:废除原来秦以外通行的六国货币,在全国范围内统一货币。秦始皇留下了李斯,李斯则为秦始皇留下了千古英名。

宋玉对楚王问

◉ 阳春白雪与下里巴人

出处 《楚辞》
作者 宋玉
创作年代 战国
坐标 《古文观止》卷四

助学小贴士

  宋玉是战国时期著名的辞赋作家,是楚国文学史上仅排在屈原之后,第二著名的大文豪。他不仅是赋体文学的开山祖师,而且文采出众、品貌非凡,相传是古代四大美男子之一。才貌双全的他难免引来一些人的妒忌……

朗读原文

楚襄王问于宋玉曰:"先生其有遗行与?何士民众庶不誉之甚也?"

宋玉对曰:"唯,然,有之。愿大王宽其罪,使得毕其辞。

"客有歌于郢中者,其始曰《下里》《巴人》,国中属(zhǔ)而和(hè)者数千人;其为《阳阿》(ē)《薤露》(xiè),国中属而和者数百人;其为《阳春》《白雪》,国中属而和者不过数十人。引商刻羽,杂以流徵(zhǐ),国中属而和者不过数人而已。是其曲弥(mí)高,其和弥寡。

实时翻译

难道先生做了什么不检点的事吗?为什么从士人到百姓都不说您的好话呢?

嗯,确实如此,我做过不检点的事。希望大王您能宽恕我的罪过,让我把话说完。

"在郢都城有一位外地来的唱歌的人,一开始,他唱《下里》《巴人》这些楚国的通俗歌曲,国都里聚在一起跟着他唱的有好几千人;后来他唱《阳阿》《薤露》这些稍微高雅一点的歌曲,聚在一起跟着他唱的也还有好几百人;再后来等他唱《阳春》《白雪》这些高雅歌曲时,聚在一起来跟着唱的就剩下几十人了;最后他唱商音和羽声,还时不时加入宛转流畅的徵音,这时聚拢来跟着他唱的就只有几个人了。他唱的歌越是高雅,跟着唱的人就越少。

朗读原文

"故鸟有凤而鱼有鲲。凤凰上击九千里,绝云霓,负苍天,足乱浮云,翱翔乎杳冥之上;夫蕃篱之鷃,岂能与之料天地之高哉?鲲鱼朝发昆仑之墟,暴鬐于碣石,暮宿于孟诸;夫尺泽之鲵,岂能与之量江海之大哉?

"故非独鸟有凤而鱼有鲲也,士亦有之。夫圣人瑰意琦行,超然独处,世俗之民,又安知臣之所为哉?"

实时翻译

"所以鸟中有凤凰,鱼中有大鲲。凤凰高飞九千里,飞越云霞,背负青天,脚爪扰乱了天空飘浮的云朵,在高渺的天空里展翅翱翔。那些跳跃在篱笆之间的鷃雀,哪能像凤凰那样领会天地的高远呢?鲲鱼早上从昆仑山脚下出发,中午在碣石山晒背鳍,晚上在孟诸大泽里睡觉。那些生活在只有一尺来深水中的鱼儿,哪能像大鲲那样感知江海的广阔呢?

"同理,不光鸟中有凤、鱼中有鲲,士人中也有出类拔萃的。圣人有美好的思想和品行,超脱世俗、卓尔不群,那些凡夫俗子又怎能理解我的作为呢?"

思维导图

- 宋玉对楚王问
  - 人物情节
    - 开门见山,提出质问 —— 楚襄王
    - 以退为进,完成申辩 —— 宋玉
  - 申辩过程
    - 举例子
      - 曲中之雅
      - 鸟中之凤
      - 鱼中之鲲
    - 做推论
      - 人中之圣

作者信息

姓　　名:宋玉
字　　　:子渊
生 卒 年:约前298—约前222年
籍　　贯:楚国鄢城
成　　就:才华横溢,被誉为"赋圣";品貌非凡,相传是古代四大美男子之一。

多思考一点

曲高则和寡。生活中我们难免被非议或中伤，这时要想清楚是因为自己做错了什么还是别人对自己产生了误解。如果是前者，那就闻过则改；如果是后者，那就坚持自己所追求的美好理想，不要因为别人的态度而轻易放弃。

讲个故事

宋玉被人污蔑诋毁可不止这一次。楚国大夫登徒子曾向楚王进谗言："宋玉这个人虽文采卓然、英俊帅气，但却是个好色之徒，大王您可千万不能让他进后宫啊。"楚王于是找来宋玉求证。宋玉说："文采卓然、英俊帅气自然是有的，好色一事绝对没有。住在我家东边的邻居家有个未出嫁的女儿，长得沉鱼落雁、闭月羞花。她对我芳心暗许，爬墙头偷看我已有三年了，我都没正眼看过她。您再看看登徒大夫，妻子长得都不敢出门见人了，登徒大夫还和她生了五个孩子。我们俩到底谁更热衷于男女之事呢？"宋玉事后还就此事写了一篇文章，题目就叫《登徒子好色赋》。从此以后，"登徒子"可算是遗臭万年了。

孔子世家赞

☐ 司马迁致敬万世师表

出处　《史记》
作者　司马迁
创作年代　西汉
坐标　《古文观止》卷五

助学小贴士

　　孔子是我国古代最著名的思想家、教育家，儒家学派创始人，被后世统治者尊为至圣先师、万世师表。他开创的儒家学派以"仁"为中心，崇尚礼乐、仁义，主张实行仁政、德治，对中国传统文化的影响巨大而深远，至今还影响着我们生活的方方面面。《史记》世家部分原本是记录诸侯和其家族的篇章，破例将孔子放入这一部分，正是出于作者对这位至圣先师的尊崇。

朗读原文

太史公曰：《诗》有之："高山仰止，景行(háng xíng)行止。"虽不能至，然心乡往之。余读孔氏书，想见其为人。适鲁，观仲尼庙堂、车服、礼器，诸生以时习礼其家，余祇回留之，不能去云。天下君王至于贤人众矣，当时则荣，没则已焉。孔子布衣，传十余世，学者宗之。自天子王侯，中国言六艺者，折中于夫子，可谓至圣矣！

> **实时翻译**

太史公说：《诗经》里有这样一句话："高尚品德如巍巍高山让人仰慕，光明言行似通天大道使人遵循。"虽然我达不到这样的境界，但内心里仍然充满了对这一境界的向往。我读孔子的书籍，就可以了解他的为人。我到过鲁国故地，瞻仰了孔子的宗庙、车驾、服装和礼器，观赏了儒生们在孔子的家庙里按时演习礼仪后，流连徘徊以至无法离去。天下的君王和贤人有很多，他们大多生前荣耀风光，死后也就烟消云散了。孔子只是一个平民，他的学说却传承了十几代，所有读书人都尊他为宗师。上至天子王侯，中国凡是谈论六艺的人都要以他的学说为参考标准，可以说他是至高无上的圣人了！

思维导图

多思考一点

　　一个人的生命是否有价值,不仅看他生前为自己取得了哪些成就,还要看他对他人、对后世施予了什么福泽。如果一个人能够超越对自身的关注,为芸芸众生谋求更大的福利,那么他就可以超越生命的短暂,永世长存!

讲个故事

没有什么是孔子不知道的

　　孔子为了实现自己的政治理想,曾经到鲁国权臣季斯门下应聘。正巧季斯让家人挖水井时碰到了一件怪事,就想拿这个来考考孔子。季斯对孔子说:"我命人挖一口井,可是却挖到了一只大陶罐,陶罐里居然还有一只狗!您知道这是怎么回事吗?"孔子回答说:"这不可能,陶罐里肯定不是狗,而是羵(fén)羊。"季斯听了大吃一惊,忙问孔子是怎么知道的。孔子说:"山中的怪叫夔(kuí)、蝄蛃(wǎng liǎng),水中的怪叫龙、罔(wǎng)象,土中的怪叫羵羊。您这是挖水井时挖出来的,必然是土中之怪羵羊。这怪物只是像羊而已,也没有雌雄之分。"季斯又连忙让人查看那只动物,果然如孔子所说。

屈原列传

> 路漫漫其修远兮，吾将上下而求索

出处	《史记》
作者	司马迁
创作年代	西汉
坐标	《古文观止》卷五 高二语文选择性必修中册

助学小贴士

即便有人不知道屈原是谁，也一定知道端午节和粽子。端午节吃粽子正是为了纪念这位中国历史上最伟大的爱国诗人。屈原是楚武王的宗室后人，幼年时酷爱读书，博闻强识。长大后，他得到了楚怀王的信任，先后担任左徒、三闾大夫等职，掌管楚国的内政外交大事。与治国理政相比，屈原在文学上取得的成就更加彪炳千秋，他开启了中国的浪漫主义文学之先河，被誉为"楚辞之祖"。

朗读原文

屈原者，名平，楚之同姓也。为楚怀王左徒。**博闻强志**，**明于治乱**，**娴**(xián)**于辞令**。入则与王图议国事，以出号令；出则接遇宾客，应对诸侯。王甚**任**之。

上官大夫与之**同列**，争宠而心**害**其能。怀王使屈原造为宪令，屈平**属**(zhǔ)草稿未定，上官大夫见而欲**夺**之，屈平不**与**。因谗之曰："王使屈平为令，众莫不知。每一令出，平**伐**其功，曰以为'非我莫能为'也。"王怒而**疏**屈平。

实时翻译

屈原姓芈（mǐ），名平，字原，是楚国王室的后世族人。楚怀王执政时，他担任左徒一职。屈原**见闻广博**，**过目成诵**，**熟悉治国之道**，**擅长外交言辞**。在内政上，他常常与楚怀王商议国家大事，发布政令；在外交上，他常常接待各国使臣甚至诸侯，楚怀王非常**信任**他。

上官大夫和屈原同朝为官，而且官阶相同，他想争得怀王的宠信，心里十分嫉妒屈原才华出众。有一次怀王让屈原拟订法令，屈原刚起草完初稿，上官大夫看到了，非要强行让屈原修改，屈原不同意，他就跑到怀王面前诬陷屈原："大王叫屈原拟订法令，大家都知道，他每发布一项法令，就夸耀他的功劳，说：'除了我没人能胜任这份工作。'"怀王听了很生气，从此疏远了屈原。

朗读原文

　　屈平**疾**王听之不聪也，谗谄之**蔽**明也，**邪曲**之害公也，**方正**之不容也，故忧愁幽思而作《离骚》。"离骚"者，犹离忧也。夫天者，人之始也；父母者，人之本也。人**穷**则反本，故劳苦倦极，未尝不呼天也；疾痛**惨怛**（dá），未尝不呼父母也。屈平正道直行，竭忠尽智以事其君，谗人间之，可谓穷矣。**信**而**见疑**，**忠**而被谤，能无怨乎？屈平之作《离骚》，盖自怨生也。《国风》好色而不**淫**，《小雅》**怨诽**而不**乱**，若《离骚》者，可谓兼之矣。上称帝喾（kù），下道齐桓，中述汤、武，以**刺**世事。明道德之广崇，治乱之**条贯**，靡不毕见。其文**约**，其辞**微**，其志**洁**，其行**廉**，其称文小而其指极大，举类迩（ěr）而见义远。其志洁，故其称物芳；其行廉，故死而不容。自疏濯淖（zhuó nào）污泥之中，蝉蜕于浊秽，以浮游尘埃之外，不获世之滋垢，**皭然**（jiào）泥而不**滓**（zǐ）者也。推此志也，虽与日月争光可也。

实时翻译

屈原痛心楚怀王听信谗言、不辨是非，痛心谎言谄媚蒙蔽了君王的清明，痛心邪恶奸佞的小人妨害国家正途，痛心端方正直的君子不为朝廷所容，因此忧愁苦闷，写下了《离骚》这篇千古名文。离骚，就是遭遇忧愁的意思。上天创造了人类生存的环境，是人类最初的依靠；父母给了我们生命，是个人生命的本源。人处于走投无路的困境时就会想退回到本源，所以人到了劳苦疲倦的时候，没有不呼天喊地的；到了病痛哀伤的时候，没有不哭爹叫娘的。屈原办事公正，竭尽忠诚和智慧来辅佐君主，却遭到奸佞小人的诬陷，正是陷入了走投无路的困境。为人诚信却被怀疑，行事忠恕却被诽谤，他能没有怨恨吗？屈原之所以写《离骚》，大概就是由于怨愤而引起的吧。《国风》写男女爱情，但不过分失当；《小雅》多指责政事，但不宣扬作乱；《离骚》可以说是兼有二者的特点。它赞颂远古的帝喾，褒扬近世的齐桓公，称述两者之间的商汤和周武王，都是为了讽刺当世时政。道德的广大和崇高、治乱的规则和道理，都被他毫无保留地表现出来。他的文笔简约，他的言辞含蓄，他的志趣高洁，他的行为廉正。他的文章中所写的不过微小琐事，但主旨却极其重大；他的文章中所论不过眼前事物，但寓意却十分深远。他志趣高洁，所以文章中所写的事物也散发着芬芳。他行为廉正，所以到死也不愿与奸佞小人同流合污。他选择了远离污泥浊水，就像蝉脱壳一样摆脱了肮脏的泥土，遨游在尘世之外，不受浊世的玷污。他是一个洁白干净、出淤泥而不染的人。可以推断，屈原的志向即使和日月争辉，也是可以的。

朗读原文

屈原既绌，其后秦欲伐齐。齐与楚从亲。惠王患之，乃令张仪详去秦，厚币委质事楚，曰："秦甚憎齐，齐与楚从亲，楚诚能绝齐，秦愿献商、於之地六百里。"楚怀王贪而信张仪，遂绝齐，使使如秦受地，张仪诈之曰："仪与王约六里，不闻六百里。"楚使怒去，归告怀王。怀王怒，大兴师伐秦。秦发兵击之，大破楚师于丹、淅，斩首八万，虏楚将屈匄，遂取楚之汉中地。怀王乃悉发国中兵，以深入击秦，战于蓝田。魏闻之，袭楚至邓。楚兵惧，自秦归。而齐竟怒，不救楚，楚大困。

明年，秦割汉中地与楚以和。楚王曰："不愿得地，愿得张仪而甘心焉。"张仪闻，乃曰："以一仪而当汉中地，臣请往如楚。"如楚，又因厚币用事者臣靳尚，而设诡辩于怀王之宠姬郑袖。怀王竟听郑袖，复释去张仪。是时屈原既疏，不复在位，使于齐，顾反，谏怀王曰："何不杀张仪？"怀王悔，追张仪，不及。

其后，诸侯共击楚，大破之，杀其将唐眛。

实时翻译

屈原已被**罢免**。后来秦国准备攻打齐国,齐国和楚国本来合纵结亲。秦惠王对此**担忧**。于是,让张仪**假装**离开秦国,带着丰厚的礼物去事奉楚王。张仪对楚王说:"秦国非常憎恨齐国,齐国又与楚国合纵相亲,如果楚国确实能和齐国绝交,秦国愿意将商、於之间的六百里土地献给楚国。"楚怀王起了贪心,听信张仪的话,于是和齐国绝交。然后派使者到秦国接受土地。张仪**抵赖**说:"我和楚王约定的只是六里,没有听说有六百里。"楚国使者愤怒地离开秦国,回去报告怀王。怀王发怒,出动大批军队去讨伐秦国,秦国出兵还击,在丹水和淅水之滨大破楚军,杀了八万人,**俘虏**了楚国的大将屈匄,于是夺取了楚国汉中一带的土地。怀王又发动全国的兵力,深入秦地,攻打秦国,交战于蓝田。魏国听到这一情况,就出兵偷袭楚国,一直打到邓地。楚军恐惧,从秦国撤退。这时,齐国终于因怨恨楚国,不来援救,楚国处境十分困窘。

第二年,秦国割汉中之地与楚国讲和。楚王说:"我不愿得到土地,情愿得到张仪才甘心。"张仪听后,说:"用一个张仪来抵汉中之地,我请求到楚国去。"张仪到了楚国,又用丰厚的礼物贿赂掌权的大臣靳尚,通过他捏造诡诈的言辞,去说动怀王的宠姬郑袖。怀王竟然听信了郑袖的话,又放走了张仪。这时屈原已被疏远,不在朝中任职,出使到齐国去了,回国后,屈原劝谏怀王说:"为什么不杀掉张仪?"怀王很后悔,派人去追赶张仪,已经来不及了。

后来,各国诸侯联合攻打楚国,大败楚军,杀了楚国大将唐眜。

朗读原文

时秦昭王与楚婚，欲与怀王会。怀王欲行，屈平曰："秦，虎狼之国，不可信。不如毋行。"怀王稚子子兰劝王行："奈何绝秦欢？"怀王卒行。入武关，秦伏兵绝其后，因留怀王，以求割地。怀王怒，不听。亡走赵，赵不内。复之秦，竟死于秦而归葬。

长子顷襄王立，以其弟子兰为令尹。楚人既咎子兰以劝怀王入秦而不反也。屈平既嫉之，虽放流，眷顾楚国，系心怀王，不忘欲反。冀幸君之一悟，俗之一改也。其存君兴国，而欲反覆之，一篇之中，三致意焉。然终无可奈何，故不可以反。卒以此见怀王之终不悟也。

人君无愚智、贤不肖，莫不欲求忠以自为，举贤以自佐。然亡国破家相随属，而圣君治国累世而不见者，其所谓忠者不忠，而所谓贤者不贤也！怀王以不知忠臣之分，故内惑于郑袖，外欺于张仪，疏屈平而信上官大夫、令尹子兰。兵挫地削，亡其六郡，身客死于秦，为天下笑。此不知人之祸也。《易》曰："井渫不食，为我心恻，可以汲。王明，并受其福。"王之不明，岂足福哉！

令尹子兰闻之，大怒。卒使上官大夫短屈原于顷襄王。顷襄王怒而迁之。

实时翻译

到秦昭王在位的时候,秦国和楚国通婚,秦昭王想约楚怀王见面。怀王打算赴约,屈原劝说道:"秦国是虎狼一样的国家,不能信任,还是不去为好。"怀王的小儿子子兰却劝怀王出行,说:"怎么能不给秦王面子,断送了和秦国的友好关系呢!"怀王最终还是去了。可他刚一进入武关,秦国的伏兵就截断了他的退路,秦国扣留了怀王,拿他当作人质,要求楚国割让土地。怀王很生气,没有同意。他找机会逃到了赵国,但赵国不敢收留他。他只好再回到秦国,最后死在了秦国,尸体被运回楚国安葬。

实时翻译

　　怀王的长子顷襄王即位，任用他的弟弟子兰为令尹，楚国人都抱怨子兰，因为他劝怀王入秦而怀王最终未能回来。屈原也为此怨恨子兰，虽然被流放在外，仍然眷恋着楚国，心里挂念着怀王，盼望能再回到朝廷任职。他希望君王总有一天醒悟，世俗总有一天改变。屈原关怀君王，一心使国家复兴，想使它转弱为强的愿望，在他的每一篇作品中，都反复表现出来。然而终是无可奈何，屈原没能返回朝廷。由此可以看出，怀王始终没有醒悟。

　　君王无论愚笨或高明、贤明或昏庸，没有不希望得到忠臣来效忠自己，选拔贤才来辅助自己的。然而国破家亡的事所以接连发生，而圣明君主治好国家的事例很多世代以来难以出现，这是因为所谓忠臣并不忠，所谓贤臣并不贤的缘故。怀王因为不明白忠臣的职分，所以在内被郑袖所迷惑，在外被张仪所欺骗，疏远屈原而信任上官大夫和令尹子兰。结果是战败割地，失去了六个郡的土地，自己也被扣留而死在秦国，终于为天下人所耻笑。这就是不能知人善任带来的祸害。《易经》上说："井淘干净了，还没有人喝井里的水，我心里很难过，因为井水是供人汲取饮用的。如果君王贤明，天下人都能得到幸福。"如果现在君王这样不贤明，哪里还能谈得上幸福呢！

　　令尹子兰听见屈原的话，非常愤怒，终于让上官大夫在顷襄王面前说屈原的坏话。顷襄王很愤怒，因而放逐了屈原。

朗读原文

屈原至于江滨，被发行吟泽畔，颜色憔悴，形容枯槁。渔父见而问之曰："子非三闾大夫欤？何故而至此？"屈原曰："举世皆浊而我独清，众人皆醉而我独醒，是以见放。"渔父曰："夫圣人者，不凝滞于物，而能与世推移。举世混浊，何不随其流而扬其波？众人皆醉，何不餔其糟而啜其醨？何故怀瑾握瑜，而自令见放为？"屈原曰："吾闻之，新沐者必弹冠，新浴者必振衣。人又谁能以身之察察，受物之汶汶者乎！宁赴常流而葬乎江鱼腹中耳。又安能以皓皓之白，而蒙世之温蠖乎！"乃作《怀沙》之赋。……于是怀石遂自投汨罗以死。

屈原既死之后，楚有宋玉、唐勒、景差之徒者，皆好辞而以赋见称。然皆祖屈原之从容辞令，终莫敢直谏。其后楚日以削，数十年竟为秦所灭。自屈原沉汨罗后百有馀年，汉有贾生，为长沙王太傅。过湘水，投书以吊屈原。

太史公曰："余读《离骚》《天问》《招魂》《哀郢》，悲其志。适长沙，过屈原所自沉渊，未尝不垂涕，想见其为人。及见贾生吊之，又怪屈原以彼其材游诸侯，何国不容，而自令若是！读《鵩鸟赋》，同死生，轻去就，又爽然自失矣。"

> **实时翻译**

屈原来到汨罗江边，披散着头发在水边行走，边走边吟咏着什么。他脸色憔悴，身体瘦弱，毫无生气。一位捕鱼的老人看见他，便问道："您不是三闾大夫吗？为什么到这儿来了？"屈原答道："全天下都污浊不堪，只有我一人清白；所有人都醉生梦死，只有我一个人清醒。所以我就被流放了。"渔父说："圣贤之人，能够不受外界事物的束缚而随世俗做出改变。既然全天下都污浊不堪，那你为什么不随波逐流并且推波助澜呢？既然所有人都醉生梦死，那你为什么不一起吃点酒糟再喝些淡酒呢？为什么要坚守着美玉一般的品质而宁愿让自己被流放呢？"屈原答道："我听说，刚洗过头的人一定要弹去帽上的灰，刚洗过澡的人一定要抖掉衣服上的土。有谁能让自己干净的身躯沾染外界的污垢呢？我宁可投入奔流的大江而葬身于江鱼的腹中，也不能让自己高洁的品质蒙受世俗的尘垢！"于是他写完《怀沙赋》，便抱起石头跳进汨罗江，自尽而亡。

屈原死后，楚国有宋玉、唐勒、景差等人，都爱好文学，以善作赋而被人称赞。他们的作品都效法屈原辞令委婉含蓄的一面，始终不敢直言规劝。在这以后，楚国的领土一天天缩小，几十年后，终于被秦国灭掉。自从屈原沉没汨罗江后，一百多年之后，汉朝有个贾谊，担任长沙王的太傅。他路过湘水时写了文章，投入江心，来凭吊屈原。

太史公说：我读了《离骚》《天问》《招魂》《哀郢》，为屈原的志向不能实现而悲伤。到长沙，经过屈原自沉的地方，未尝不流下眼泪，追怀他的为人。看到贾谊凭吊他的文章，文中责怪屈原如果凭他的才能去游说诸侯，哪个国家不能容纳，而自己偏要选择这样的道路！读了《鵩鸟赋》，文中认为应当把生和死等同看待，被贬和受重用都是不重要的，这又使我感到茫茫然若有所失了。

思维导图

多思考一点　"举世皆浊而我独清，众人皆醉而我独醒。"在一个如此昏暗的国家里，屈原之所以艰难地斗争着，坚守着自己的道德底线，追求着自己的政治理想，归根结底是因为他对祖国有着深深的爱恋之情。是啊，谁又能不爱自己的祖国呢？